Σίρλεϋ Μπάρμπερ

Μαγευτικά Παραμύθια με Νεράιδες

ΜΙΝΩΑΣ
εκδοσεις

Συγγραφέας και τίτλος πρωτοτύπου:
SHIRLEY BARBER
«Magical Fairy Collection»

First Published by The Five Mile Press Pty Ltd, 2008

Text and Illustrations by Shirley Barber

Μετάφραση: Ρένα Ρώσση-Ζαΐρη – Κέλλυ Δημοπούλου
Επιμέλεια: Αμαλία Ζουμπουλάκη

1η έκδοση στην Ελλάδα: Αύγουστος 2008

Τ.Θ. 504 88, 141 10 Ν. Ηράκλειο, ΑΘΗΝΑ
τηλ.: 210 27 11 222 – fax: 210 27 76 818
www.minoas.gr – e-mail: info@minoas.gr

ISBN 978-960-699-757-0

Περιεχόμενα

Σίρλεϋ Μπάρμπερ

Η μαγεμένη νεράιδα

Μια φορά κι έναν καιρό, δίπλα σε ένα ποτάμι, ήταν χτισμένο το βασίλειο των νεράιδων. Τα σπιτάκια τους μισοκρύβονταν από τις φτέρες. Ο βασιλιάς του νεραϊδοβασιλείου Άδμητος και η βασίλισσα Βιολέτα έμεναν μαζί με τα παιδιά τους σε ένα παλάτι από φύλλα και πέταλα λουλουδιών, που τα μπαλκόνια σκέπαζαν οι κληματαριές.

Η μεγαλύτερη κόρη τους, η πριγκίπισσα Ρέα, ήταν όμορφη, με μαύρα μάτια και καστανά μαλλιά. Η αδερφή της, η κατάξανθη πριγκίπισσα Λίζα, όμως, ήταν η πιο όμορφη από όλες τις νεράιδες. Ήταν τόσο αξιολάτρευτη, που η Ρέα τη ζήλευε πολύ και ένιωθε δυστυχισμένη.

Ο βασιλιάς ήταν συνεχώς απασχολημένος με τις υποθέσεις του βασιλείου του και η βασίλισσα φρόντιζε τα μικρότερα παιδιά της. Έτσι, δεν είχαν προσέξει τη δυστυχία της μεγάλης τους κόρης.

Όσο μεγάλωνε η Λίζα και γινόταν όλο και πιο όμορφη τόσο ζήλευε η Ρέα. Κάποια στιγμή κατάλαβε πως είχε την ικανότητα να κάνει μάγια, ένα σπάνιο και πολύτιμο χάρισμα. Είχε αποφασίσει να χρησιμοποιεί πάντα για καλό το χάρισμα αυτό.

Ζήλευε όμως τόσο πολύ την αδερφή της, που γρήγορα άλλαξε γνώμη. Έδωσε εντολή να φτιάξουν ένα χρυσό βραχιόλι και αφού του έκανε μάγια το πρόσφερε στην αδερφή της.

Η καλόκαρδη Λίζα ενθουσιάστηκε με το πανέμορφο δώρο της αδερφής της.

— Θα το φοράω πάντα! της είπε χαρούμενη. Είσαι τόσο γλυκιά! Η καλύτερη αδερφή του κόσμου!

Η Ρέα δεν απάντησε, γιατί ήξερε ότι τα μάγια είχαν ήδη πέσει πάνω στη Λίζα. Σε λίγο θα άρχισε να νιώθει κουρασμένη και δε θα μπορούσε να πετάξει όπως οι άλλες νεράιδες. Έτσι ικανοποίησε τη ζήλια της. Όμως, ήξερε ότι είχε προκαλέσει μεγάλο κακό.

Σε ένα γειτονικό νεραϊδοβασίλειο υπήρχε ένα παλάτι πνιγμένο στα λουλούδια. Εκεί, δύο ωραίοι πρίγκιπες, ο Άαρον και ο Έκτορας, ετοιμάζονταν να φύγουν μακριά για να βρουν νεραϊδοπριγκίπισσες και να τις παντρευτούν.

—Να διαλέξετε τις συζύγους σας με σοφία, τους συμβούλευσε ο βασιλιάς Άβεν. Θα πρέπει να έχουν βασιλικό αίμα, να είναι όμορφες...

—...και καλοσυνάτες, συμπλήρωσε η βασίλισσα Μπελ.

—Να έχουν υγεία, συνέχισε ο βασιλιάς, για να πετάνε μαζί σας και να σας βοηθούν σε όλα τα προβλήματα. Μην ξεχνάς, Άαρον, πως αυτό το βασίλειο θα γίνει δικό σου μια μέρα, ενώ εσύ, Έκτορα, θα κυβερνήσεις το άλλο μας βασίλειο, στην άκρη του χειμάρρου.

Shirley

Shirley

Οι πρίγκιπες πέταξαν μακριά, μαζί με τα μικρά ξωτικά του βασιλείου τους. Ο πρίγκιπας Άαρον είχε ακούσει από μια μέλισσα πως δύο όμορφες νεραϊδοπριγκίπισσες ζούσαν κοντά στο ποτάμι.

— Ζούν στο παλάτι που είναι κρυμμένο ανάμεσα στις φτέρες, βούιξε. Τις είδα όταν πήγα στο ποτάμι να πιω νερό.

Όταν η νύχτα σκέπασε με τα πέπλα της τη γη, οι πρίγκιπες έφτασαν στο παλάτι του βασιλιά Άδμητου. Τους υποδέχτηκαν μικρά ξωτικά με τις τρομπέτες τους. Ο βασιλιάς και η βασίλισσα τους καλοδέχτηκαν και τους γνώρισαν τις δύο μεγαλύτερες κόρες τους.

Ο πρίγκιπας Έκτορας δεν μπορούσε να πάρει τα μάτια του από την πανέμορφη Λίζα. Η καρδιά του χτυπούσε τόσο δυνατά που νόμιζε ότι θα σπάσει. Ο πρίγκιπας Άαρον ενθουσιάστηκε με την καστανομάλλα Ρέα και την αγάπησε αμέσως.

— Το αποφάσισα! Εγώ θα παντρευτώ την πριγκίπισσα Ρέα, είπε λίγο αργότερα στον αδερφό του. Είναι γεμάτη υγεία και δύναμη, ενώ η μικρότερη αδερφή της, η Λίζα, μοιάζει αδύναμη.

— Δε με νοιάζει, δήλωσε αποφασιστικά ο πρίγκιπας Έκτορας. Η Λίζα θα γίνει δική μου γυναίκα. Θα ζητήσω το χέρι της.

Shirley

Την άλλη μέρα ο Έκτορας είδε τη Λίζα να περπατά ανάμεσα στις βιολέτες και της ζήτησε ευγενικά να γίνει γυναίκα του.

—Αγαπημένε μου πρίγκιπα, αναστέναξε η Λίζα, σκύβοντας στενοχωρημένη το κεφάλι της. Δεν ξέρω γιατί, αλλά νιώθω πολύ αδύναμη. Δεν μπορώ να πετάξω. Και δεν μπορώ να γίνω γυναίκα σου και να σταθώ δίπλα σου σαν βασίλισσα.

Ο πρίγκιπας, αφού σκέφτηκε λιγάκι, της είπε:

—Γλυκιά μου πριγκίπισσα, δεν υπάρχει άλλη για μένα. Αύριο θα πω στους γονείς μου πως καλύτερα να μη γίνω βασιλιάς. Είναι αλήθεια πως ένας πρίγκιπας πρέπει να παντρευτεί μια πριγκίπισσα που να μπορεί να πετά. Αν όμως δεν είναι πρίγκιπας, μπορεί να παντρευτεί την αληθινή του αγάπη, είτε πετά είτε όχι!

Ύστερα πέταξε μακριά για να ζητήσει σε γάμο την πριγκίπισσα Λίζα από το βασιλιά Άδμητο.

Shirley

Μόλις απομακρύνθηκε, η Λίζα έβαλε τα κλάματα.
—Δεν μπορώ ν' αφήσω τον αγαπημένο μου πρίγκιπα
να καταστρέψει τη ζωή του για χάρη μου, είπε ανάμεσα στους λυγμούς της.
Θα φύγω μακριά για να μην μπορεί να με βρει. Έτσι, θα με ξεχάσει
και θα παντρευτεί μια άλλη πριγκίπισσα που μπορεί να πετά.

Περπατώντας ανάλαφρα πάνω στα φύλλα των νούφαρων,
πάτησε πάνω σε ένα φύλλο που επέπλεε στο νερό. Γρήγορα το φύλλο,
με το δυνατό ρεύμα του ποταμού, τη μετέφερε κάτω στην κοιλάδα.

Shirley

Στο μεταξύ, ο βασιλιάς Άδμητος και οι δύο πρίγκιπες συζητούσαν. Ο βασιλιάς επαίνεσε τον πρίγκιπα Έκτορα για τη δύναμη της αγάπης του, αλλά του είπε να μην παραιτηθεί από το βασίλειό του πριν συμβουλευτεί τους γονείς του.

Ξαφνικά, τους ειδοποίησαν πως η πριγκίπισσα Λίζα είχε χαθεί και άρχισαν όλοι να ψάχνουν παντού για να τη βρουν.

Μετά από αρκετές μέρες οι ελπίδες τους χάθηκαν. Δεν μπορούσαν να τη βρουν πουθενά. Τότε, ο πρίγκιπας Έκτορας ανακοίνωσε σε όλους πως δε θα σταματούσε να ψάχνει μέχρι να βρει την αγαπημένη της καρδιάς του. Ο αδερφός του, ο βασιλιάς και η βασίλισσα μάταια προσπάθησαν να τον μεταπείσουν. Πέταξε μακριά μόνος του και έφτασε σε άγριες κοιλάδες που δεν είχαν ξαναπετάξει νεράιδες.

Shirley

Κάποια στιγμή ο πρίγκιπας Άαρον βρήκε τη δική του αγαπημένη, την πριγκίπισσα Ρέα, δίπλα στο ποτάμι. Καθόταν στενοχωρημένη και τα μάτια της ήταν γεμάτα δάκρυα.

—Ρέα μου, της είπε, θέλω να μου πεις την αλήθεια. Εσύ φταις για τα προβλήματα της αδερφής σου, έτσι δεν είναι;

—Το ξέρεις; ρώτησε έκπληκτη η πριγκίπισσα, κοιτάζοντάς τον με τα μεγάλα κατάμαυρα μάτια της.

—Το υπέθεσα, απάντησε ο Άαρον. Αν μου πεις τι έχει συμβεί, θα μπορέσω να σε βοηθήσω.

Η πριγκίπισσα Ρέα, ανακουφισμένη, άρχισε να διηγείται στον πρίγκιπα τι είχε κάνει.

—Ήμουν άρρωστη από ζήλια, του είπε κλαίγοντας. Χρησιμοποίησα το χάρισμά μου για κακό αντί για καλό. Κατέστρεψα τη ζωή της Λίζας και τώρα καταστρέφω και τη δική μου ζωή.

—Αχ, Ρέα, είπε γλυκά ο Άαρον. Καταλαβαίνω πως μετάνιωσες ειλικρινά για όσα έκανες. Ας ελπίσουμε πως ο αδερφός μου θα βρει τη Λίζα και θα τη φέρει πίσω.

Το φύλλο μετέφερε τη Λίζα κάτω στα λιβάδια και μετά άρχισε να βυθίζεται. Η πριγκίπισσα κατάφερε να βγει στη στεριά. Ξεκουράστηκε στη σκιά των φύλλων και έφαγε βατόμουρα και φράουλες.

Πολλά βατραχάκια που ζούσαν ανάμεσα στις καλαμιές την πλησίασαν και δεν άργησαν να γίνουν οι καλύτεροί της φίλοι. Της είπαν πως μπορούσε να μείνει στο καταφύγιό της όσο καιρό ήθελε, μόνο που έπρεπε να προσέχει έναν τρομερό και φοβερό δράκο. Ο δράκος πεταγόταν κάπου κάπου μέσα από το νερό, ψάχνοντας να βρει μύγες και βατράχια για να φάει!

—Μπορεί να τρώει και νεράιδες! είπε ένα βατραχάκι. Αν τον δεις, τρέξε γρήγορα να κρυφτείς!

Shirley

Οι μέρες κυλούσαν ήσυχα. Ένα ζεστό απόγευμα η πριγκίπισσα καθόταν δίπλα στο νερό, παρέα με τους μικρούς της φίλους, όταν ξαφνικά προσγειώθηκε δίπλα της ο πρίγκιπας Έκτορας!

—Σε βρήκα επιτέλους! φώναξε χαρούμενος.

Η πριγκίπισσα ξαφνιάστηκε στην αρχή, αλλά μετά χάρηκε πολύ που τον είδε. Ήταν έτοιμη να πέσει στην αγκαλιά του, όταν ένας τεράστιος δράκος βγήκε έξω από το νερό και όρμησε καταπάνω τους.

Τα βατραχάκια άρχισαν να τρέχουν εδώ κι εκεί σαν τρελά.

—Τρέξε, Λίζα! φώναξε ο πρίγκιπας, σηκώνοντας το σπαθί του για να αντιμετωπίσει το δράκο.

Αλλά ο δράκος τίναξε την ουρά του και τον πέταξε κάτω.

Η Λίζα δεν είχε κουνηθεί από τη θέση της. Είδε το δράκο να σκύβει πάνω από τον πρίγκιπα και σκέφτηκε πως ήταν έτοιμος να τον καταβροχθίσει. Δεν είχε κανένα όπλο μαζί της, ούτε υπήρχε καμιά πέτρα εκεί κοντά για να του ρίξει. Έτσι, έβγαλε το μαγικό βραχιόλι που φορούσε και το πέταξε στο κεφάλι του δράκου.

Το βραχιόλι άστραψε στο φως του ήλιου. Ο δράκος το έπιασε με το στόμα του στον αέρα και το κατάπιε στη στιγμή. Αμέσως το μαγικό βραχιόλι αφαίρεσε από πάνω του όλη του τη δύναμη. Ο δράκος έπεσε στο ποτάμι και χάθηκε στα νερά του.

Shirley

Ο δράκος είχε τραυματίσει τον πρίγκιπα Έκτορα, αλλά η πριγκίπισσα Λίζα έφτιαξε επιδέσμους από ιστούς αράχνης και περιποιήθηκε τις πληγές του με βότανα από το ποτάμι. Ο πρίγκιπας άρχισε σιγά σιγά να ξαναβρίσκει τη δύναμή του, το ίδιο και η Λίζα που ανακάλυψε πως μπορούσε πάλι να πετάξει. Σε λίγες μέρες αποχαιρέτισαν τους φίλους τους, τα βατραχάκια, και πέταξαν μαζί πίσω, στο βασίλειο του βασιλιά Άδμητου.

Όταν έφτασαν, όλοι τούς υποδέχτηκαν ενθουσιασμένοι! Ετοίμασαν γιορτές και πανηγύρια και ανακοίνωσαν πως η πριγκίπισσα Ρέα θα παντρευόταν τον πρίγκιπα Άαρον, ενώ η Λίζα τον αγαπημένο της Έκτορα. Κάποια στιγμή η Ρέα εξομολογήθηκε στην αδερφή της το κακό που της είχε κάνει και της ζήτησε συγγνώμη. Η καλοσυνάτη Λίζα τη συγχώρησε αμέσως και τα δύο ζευγάρια άρχισαν ευτυχισμένα να σχεδιάζουν τους γάμους τους.

Shirley

Ο διπλός γάμος είχε μεγάλη επιτυχία. Ήταν τόσο όμορφος, που κανένας στην κοιλάδα δε θα τον ξεχνούσε ποτέ. Ήταν καλεσμένο όλο το βασίλειο. Από τη βασιλική νεραϊδοοικογένεια μέχρι την πιο μικρούλα μέλισσα, το πιο ταπεινό ποντικάκι.

Shirley

Τα ευτυχισμένα νεραϊδοζευγάρια πέταξαν μακριά για τα καινούρια τους βασίλεια ανάμεσα στα πολύχρωμα λουλούδια. Από εκείνη τη μέρα η πριγκίπισσα Ρέα χρησιμοποιούσε το μαγικό της χάρισμα μονάχα για καλό και όλοι έζησαν και ζουν πολύ ευτυχισμένοι.

Και ο δράκος, που τον είχε καταπιεί το ποτάμι, ποτέ, μα ποτέ δεν ξαναφόβισε τα βατραχάκια.

Σίρλεϋ Μπάρμπερ

Ο μαγεμένος μονόκερος

Στην παλιά γειτονιά μιας μεγάλης πόλης υπήρχε ένα στενό δρομάκι με πολλά δέντρα που ονομαζόταν οδός Βελανιδιάς. Οι βελανιδιές έριχναν τη σκιά τους στα παλιά αρχοντικά σπίτια του δρόμου με τους ψηλούς αυλόγυρους και τις όμορφες αυλές, που κάποτε φιλοξενούσαν άλογα και άμαξες.

Τα τελευταία χρόνια, τα ισόγεια των αρχοντικών είχαν μετατραπεί σε μοντέρνα καταστήματα. Ο Ρόμπερτ και η Ρέιτσελ επισκέπτονταν συχνά τη θεία τους τη Ζέλντα, που έμενε πάνω από το μαγαζί που διατηρούσε, με είδη δώρων.

Ευχετήριες
Κάρτες
Χρόνια
Πολλά
Χρόνια
Πολλά
Χρόνια
Πολλά
Χρόνια
Πολλά

Τα μαγαζάκια στην οδό Βελανιδιάς είχαν περίεργα ονόματα. Το μαγαζί με τα δώρα της θείας Ζέλντα το έλεγαν «Μαγικό Καθρέφτη», γιατί το πρώτο πράγμα που έβλεπες μόλις έμπαινες εκεί ήταν ένας μεγάλος καθρέφτης με μια παράξενα σκαλισμένη κορνίζα. Ο καθρέφτης ήταν τόσο παλιός, που το γυαλί ήταν θολό, γεμάτο ασημένιες πιτσιλιές. Η Ρέιτσελ ήταν σίγουρη πως ο καθρέφτης ήταν μαγικός.

— Αν τον κοιτάξεις πολλή ώρα, αρχίζεις και βλέπεις έναν πανέμορφο κόσμο πίσω από τις ασημένιες πιτσιλιές, είπε μια μέρα.

Ο Ρόμπερτ έβαλε τα γέλια.

— Καθάρισε το γυαλί και θα δεις πιο καθαρά τον κόσμο σου! απάντησε η θεία Ζέλντα την ώρα που κλείδωνε την πόρτα του μαγαζιού.

Έτσι, νωρίς το άλλο πρωί, προτού εμφανιστούν οι πελάτες, τα παιδιά γυάλισαν τον καθρέφτη.

Ο Ρόμπερτ ανυπομονούσε να δοκιμάσει μια καινούρια τσουλήθρα που είχε στηθεί στο πάρκο, στο τέρμα του δρόμου. Η Ρέιτσελ ήταν έτοιμη να τον ακολουθήσει, όταν ένας θόρυβος την έκανε να γυρίσει και να κοιτάξει τον καθρέφτη. Ένα κάτασπρο άλογο πήδησε από τον καθρέφτη μέσα σε έναν ανεμοστρόβιλο αστερόσκονης και άρχισε να καλπάζει με χάρη ανάμεσα στις βελανιδιές.

—Ένας μονόκερος! ψιθύρισε η Ρέιτσελ. Είμαι σίγουρη πως είναι ένας αληθινός μονόκερος!

Ο ΜΑΓΙΚΟΣ ΚΑΘΡΕΦΤΗΣ

Η Ρέιτσελ έτρεξε να προλάβει το Ρόμπερτ.

— Τι λες, Ρέιτσελ; Πρώτα μαγικός καθρέφτης και τώρα μονόκερος! την πείραξε εκείνος και έτρεξε σε ένα γωνιακό μαγαζί να αγοράσει τις αγαπημένες του καραμέλες.

Η Ρέιτσελ κοιτούσε θυμωμένη τα πετράδια της βιτρίνας του διπλανού κοσμηματοπωλείου.

«Ήταν στ' αλήθεια μονόκερος!» σκέφτηκε.

Αλλά, όταν την πλησίασε ο Ρόμπερτ και της πρόσφερε καραμέλες, ξέχασε το θυμό της και έτρεξαν και οι δύο παρέα στο πάρκο. Όταν άρχισαν να παίζουν στην τεράστια τσουλήθρα ξέχασε αμέσως τι είχε δει, μέχρι που...

Το μαγαζάκι της γωνίας
Τα κοσμήματα της Σίντυ
Καραμέλες
Γλυκά
Φρέσκο
ψωμί
κάθε μέρα

…ο κάτασπρος μονόκερος παρουσιάστηκε πάλι! Το κέρατο και οι οπλές του ήταν ολόχρυσα. Στη χαίτη και στην ουρά του λαμπύριζε αστερόσκονη. Τους πλησίασε, σαν να ήθελε να παίξει μαζί τους.

— Δεν είναι πανέμορφος; ψιθύρισε η Ρέιτσελ.

— Ναι! Και τρελαίνεται για καραμέλες! γέλασε ο Ρόμπερτ.

Ξαφνικά, ένα αυτοκίνητο κορνάρισε. Ο μονόκερος τρόμαξε και κάλπασε μακριά. Οι ολόχρυσες οπλές του πατούσαν πάνω στα πεσμένα φύλλα, αλλά δεν ακουγόταν τίποτα. Έμοιαζε να πετά.

—Πάμε στη θεία Ζέλντα. Πρέπει να μάθει πως ο καθρέφτης της είναι πραγματικά μαγικός! είπε η Ρέιτσελ.

Έτσι, άρχισαν να τρέχουν στην οδό Βελανιδιάς, αλλά αυτή τη φορά από το απέναντι πεζοδρόμιο. Τη στιγμή που περνούσαν μπροστά από το μαγαζί με αντίκες, το «Κάστρο του Μάγου», ο Ρόμπερτ σταμάτησε.

—Τι συμβαίνει; ρώτησε η Ρέιτσελ.

Ο Ρόμπερτ δεν της απάντησε. Σκαρφάλωσε σε μια βελανιδιά και κοίταξε πάνω από τον τοίχο.

—Ρέιτσελ! φώναξε. Εδώ υπάρχουν άλλοι έξι μονόκεροι! Είναι δεμένοι και δείχνουν δυστυχισμένοι.

—Κατέβα κάτω γρήγορα! του είπε η Ρέιτσελ. Κάποιος έρχεται!
Ο Ρόμπερτ ίσα που πρόλαβε να γλιστρήσει κάτω.

Ένας άντρας ξεκλείδωσε την πόρτα του μαγαζιού και άρχισε να κουβαλά αντίκες και να τις αραδιάζει στο πεζοδρόμιο. Φορούσε καπέλο μάγου με το όνομα του μαγαζιού και ένα μανδύα κεντημένο με αστέρια. Έμοιαζε πραγματικός μάγος. Όταν ξαναμπήκε στο μαγαζί, τα παιδιά διέσχισαν το δρόμο τρέχοντας και πήγαν στο μαγαζί της θείας τους.

Το Κάστρο του Μάγου
Αντίκες

Λίγο πριν μπουν στο μαγαζί, ο έβδομος μονόκερος τους προσπέρασε καλπάζοντας και χώθηκε μέσα στον καθρέφτη μπροστά στα μάτια τους.

—Ας τον ακολουθήσουμε! φώναξε ο Ρόμπερτ και τράβηξε την αδερφή του μέσα στον καθρέφτη. Διαπέρασαν τον καθρέφτη σαν να μην ήταν από γυαλί.

Η καρδιά της Ρέιτσελ χτυπούσε δυνατά, αλλά πρέμησε μόλις είδε πως από την άλλη μεριά του καθρέφτη απλωνόταν μια πανέμορφη χώρα με παράξενες σκιέ Ήταν καταπράσινη και είχε λουλούδια φτιαγμένα από πολύτιμους λίθους.

—Καλώς ήρθατε στην Αρκαδία! είπε μια γλυκιά φωνή πίσω τους. Η Ρέιτσελ και ο Ρόμπερτ γύρισαν και είδαν μια παρέα από όμορφα παιδιά.

—Ή σε ό,τι απέμεινε από την Αρκαδία, διόρθωσε φωναχτά το κορίτσι που ήταν αρχηγός τους. Γιατί οι σκιές σκεπάζουν σιγά σιγά τον όμορφο κόσμο μας!

Η Ρέιτσελ και ο Ρόμπερτ κοίταξαν εκεί που τους έδειχνε το κορίτσι. Κατάλαβαν πως δεν ήταν σκιές, αλλά ομίχλη που απλωνόταν και μάραινε τα λουλούδια και τα δέντρα.

—Ένας κακός μάγος ανακάλυψε τις μαγικές λέξεις που ανοίγουν την πόρτα του κόσμου μας, συνέχισε η αρχηγός της Αρκαδίας. Κάθε μέρα μπαίνει από το μαγικό καθρέφτη, αρπάζει ένα μονόκερο με ένα μαγικό σκοινί και τον οδηγεί μακριά. Όταν θα κλέψει και τον τελευταίο μονόκερο, η Αρκαδία θα καταστραφεί. Μόνο η δύναμη και των εφτά μονόκερων μαζί κρατάει δυνατή τη χώρα μας.

Ο έβδομος μονόκερος μπαινοβγαίνει συνέχεια στο μαγικό καθρέφτη ψάχνοντας τους άλλους έξι, αλλά δεν μπορεί να τους βρει.

Η Ρέιτσελ και ο Ρόμπερτ αντάλλαξαν ματιές. Ήξεραν πού ήταν οι μονόκεροι. Ο μάγος θα πρέπει να μπήκε στο μαγικό καθρέφτη όταν η θεία Ζέλντα βρισκόταν στο πίσω μέρος του μαγαζιού.

Πήδησαν γρήγορα στο μαγικό καθρέφτη, μπήκαν στο μαγαζί και διηγήθηκαν στη θεία τους όλα όσα έγιναν.

— Πρέπει να σκεφτούμε κάτι για να σώσουμε τους έξι μονόκερους, είπε η θεία τους όταν συνήλθε από την έκπληξη. Θα ξεκινήσουμε νωρίς, όταν θα κοιμάται ο μάγος. Το μόνο που χρειαζόμαστε είναι πολλές, πάρα πολλές καραμέλες!

Το άλλο πρωί, με την ανατολή του ήλιου, η θεία Ζέλντα έμεινε να φυλάει το μαγικό καθρέφτη, ενώ η Ρέιτσελ και ο Ρόμπερτ έτρεξαν στην οδό Βελανιδιάς. Η Ρέιτσελ παραφύλαγε και ο Ρόμπερτ σκαρφάλωσε στον τοίχο και πήδησε στην αυλή όπου ήταν δεμένοι οι μονόκεροι. Έλυσε τα μαγικά σκοινιά και άνοιξε την ψηλή αυλόπορτα. Οι έξι μονόκεροι κάλπασαν σιωπηλά στο δρόμο. Η Ρέιτσελ τους έδωσε καραμέλες. Σε λίγο τα παιδιά άρχισαν να τρέχουν όσο πιο γρήγορα μπορούσαν και οι μονόκεροι τα ακολουθούσαν.

Η θεία Ζέλντα περίμενε έξω από την πόρτα του μαγαζιού της, έτοιμη να οδηγήσει τους μονόκερους πίσω στην Αρκαδία. Η Ρέιτσελ πήδησε πρώτη στον καθρέφτη και άρχισε να πετά καραμέλες στα διαμαντένια λουλούδια. Οι έξι μονόκεροι την ακολούθησαν στον κόσμο τους, μασουλώντας τις καραμέλες.

Ο ΜΑΓΙΚΟΣ ΚΑΘΡΕΦΤΗΣ

Μετά όρμησαν στον καθρέφτη ο Ρόμπερτ και η θεία Ζέλντα. Τα παιδιά της Αρκαδίας έτρεξαν χαρούμενα κοντά στους μονόκερους και άρχισαν να τους χαϊδεύουν. Ολόκληρη η χώρα πλημμύρισε από ένα ολόχρυσο φως. Οι σκοτεινές σκιές εξαφανίστηκαν.

Η Ρέιτσελ και ο Ρόμπερτ στέκονταν σε μια γωνιά και παρακολουθούσαν. Ύστερα η θεία Ζέλντα τούς οδήγησε πίσω στον κόσμο τους...

Εκεί έπρεπε να αντιμετωπίσουν τον εξαγριωμένο μάγο!

—Αφήστε με να περάσω! ούρλιαζε. Χρειάζομαι τη δύναμη των μονόκερων για να γίνω ο πιο τρανός μάγος του κόσμου!

Η θεία Ζέλντα άρπαξε ένα κηροπήγιο και έκανε θρύψαλα τον καθρέφτη.

—Η πόρτα έκλεισε, φώναξε. Η Αρκαδία σώθηκε! Μια για πάντα!

Ο μάγος έχασε το χρώμα του από το κακό του. Προχώρησε με κατεβασμένο το κεφάλι μέχρι το μαγαζί του και έκλεισε με δύναμη την πόρτα πίσω του.

Shirley

Η θεία Ζέλντα και τα παιδιά χάρηκαν πολύ που έσωσαν την Αρκαδία από το μάγο. Ήξεραν πως δε θα ξεχνούσαν ποτέ αυτό τον πανέμορφο κόσμο. Στον καθρέφτη έβαλαν καινούριο τζάμι και, παρ' όλο που δεν αποτελούσε πια την πόρτα για κάποιον άλλο κόσμο, η Ρέιτσελ και ο Ρόμπερτ κάθονταν και τον χάζευαν με τις ώρες. Πότε πότε έβλεπαν κάτι να λαμπυρίζει. Μια κάτασπρη φιγούρα. Ήταν ο μαγεμένος τους μονόκερος. Ήταν σίγουροι γι' αυτό. Ίσως να νοσταλγούσε τις καραμέλες του!

Η πριγκίπισσα-γοργόνα

Σίρλεϋ Μπάρμπερ

Κάποτε στον τροπικό ωκεανό υπήρχε ένα καταπράσινο νησάκι γεμάτο αμμουδερές παραλίες και κοραλλένιους υφάλους. Όταν η θάλασσα κάλυπτε τον ύφαλο, έμοιαζε σαν μαγικός κήπος γεμάτος πολύχρωμα ψάρια και παράξενα θαλασσινά πλάσματα. Στο νησί υπήρχε μόνο ένα σπίτι. Εκεί ζούσαν δύο παιδιά, ο Τζον και η Γουέντυ, μαζί με τους γονείς τους.

Στις διακοπές, ο πατέρας των παιδιών περνούσε τη μέρα του ψαρεύοντας, ενώ η μητέρα τους έγραφε βιβλία. Εκείνο το καλοκαίρι η Γουέντυ ανάρρωνε από γρίππη κι ένιωθε ακόμη αδύναμη. Ξαπλωμένη στον καναπέ κοιτούσε τη θάλασσα και τη λιμνούλα που σχημάτιζε ο κοραλλένιος ύφαλος. Όμως η ώρα δεν περνούσε με τίποτα...

Όταν είχε άμπωτη, ο Τζον περιπλανιόταν στον ύφαλο. Κάθε φορά που έβρισκε κάτι παράξενο, έτρεχε να το δείξει στην αδελφή του. Κάποιος όμως ήταν κρυμμένος στον ύφαλο και τον παρακολουθούσε. Ήταν ο Σάντι, το ξωτικό της ακτής. Ζούσε σ' ένα κάστρο στην άμμο, που το είχε διακοσμήσει με άσπρα και πράσινα γυαλάκια και κοχύλια.

Shirley

Κάθε πρωί ο Σάντι έσπρωχνε το καροτσάκι του στην άμμο. Πάντα έψαχνε να βρει τους θησαυρούς που είχαν αφήσει τα κύματα στην ακτή, όπως κοχύλια, για να διακοσμεί, και κλαδάκια, για να ανάβει φωτιά. Ήθελε πολύ να βρει κόκκινα ή μπλε κομματάκια από χρωματιστό γυαλί, αλλά δεν είχε ανακαλύψει κανένα ακόμη.

Μια μέρα είδε έκπληκτος μια όμορφη μικρή γοργόνα να κάθεται ανάμεσα στα κοράλλια. Ήταν θλιμμένη και φοβισμένη. Του είπε πως την έλεγαν Μαρίνα.

Η γοργόνα τού διηγήθηκε πως ζούσε σε μια γοργονοπολιτεία στο βυθό κι ότι είχε πάει βόλτα με τους φίλους της τα δελφίνια, όταν άρχισε να τους κυνηγά ένας τεράστιος καρχαρίας. Τα δελφίνια τρόμαξαν πολύ. Η Μαρίνα και το άσπρο δελφίνι της, το Ασημόψαρο, έχασαν το δρόμο τους, κυνηγημένοι από τον καρχαρία. Το Ασημόψαρο προσπάθησε να του ξεφύγει.

Απελπισμένος, πέταξε τη Μαρίνα έξω από την επιφάνεια της θάλασσας, για να μπορέσει να κολυμπήσει γρηγορότερα. Ύστερα οδήγησε τον καρχαρία μακριά της.

—Έκοψα την ουρά μου στον ύφαλο, συνέχισε η Μαρίνα. Και τώρα δεν μπορώ να ξαναγυρίσω σπίτι μου. Το καημένο το Ασημόψαρο μπορεί να έχει σκοτωθεί κι ο καρχαρίας ίσως με περιμένει στα βαθιά για να με πιάσει. Τι να κάνω;

Ο Σάντι δεν της απάντησε. Ήξερε πως όταν θα γυρνούσε η πλημμυρίδα, θα παρέσερνε τη γοργόνα στον ύφαλο και θα πληγωνόταν πάλι. Τότε εμφανίστηκε ο Τζον και το ξωτικό κρύφτηκε, γιατί το αγόρι φάνταζε γίγαντας μπροστά του.

— Μια γοργόνα! Πρέπει να σε δει η Γουέντυ, είπε ο Τζον και μετά σήκωσε στην αγκαλιά του τη Μαρίνα και τη μετέφερε στη λιμνούλα του υφάλου, κοντά στο σπίτι τους.

Ύστερα μπήκε τρέχοντας στο σπίτι του.

— Γουέντυ! είπε λαχανιασμένος στην αδελφή του. Βρήκα μια αληθινή γοργόνα! Την έβαλα μέσα στη λιμνούλα σου, για να μπορείς να τη βλέπεις από το παράθυρο!

Η αδελφή του σηκώθηκε και κοίταξε έξω. Είδε μια όμορφη γοργόνα που χτένιζε τα μαλλιά της. Επιτέλους έγινε κάτι ενδιαφέρον στο νησί τους!

— Είναι πανέμορφη! είπε η Γουέντυ όλο χαρά.

— Θα είναι το μυστικό μας, της είπε ο Τζον, γιατί αλλιώς θα την κλείσουν στο ενυδρείο.

Εκείνη τη νύχτα, όταν το φεγγάρι ανέβηκε ψηλά στον ουρανό, η Γουέντυ πετάχτηκε στον ύπνο της και κοίταξε έξω από το παράθυρό της. Η γοργόνα βρισκόταν στη θέση της και μιλούσε σε ένα μικρό πλασματάκι! Αμέσως σηκώθηκε και ξύπνησε τον Τζον. Γλίστρησαν μαζί έξω από το σπίτι κι έφτασαν στη λιμνούλα.

Στην αρχή η γοργόνα και το ξωτικό ντρέπονταν και δεν ήθελαν να απαντήσουν στις ερωτήσεις των παιδιών.

—Θέλουμε να σας βοηθήσουμε, είπε η Γουέντυ.
Ο Σάντι συστήθηκε κι η Μαρίνα είπε την ιστορία της.

—Πρέπει να μάθουν οι γοργονάνθρωποι πού βρίσκεται η Μαρίνα για να μπορέσουν να έρθουν να την πάρουν, είπε ο Τζον, όταν τελείωσε η γοργόνα.
—Θα πάω εγώ, είπε ο Σάντι, με τη βαρκούλα μου.

—Θα τη δέσω στην άκρη του κοραλλένιου υφάλου, συνέχισε ο Σάντι. Μετά θα βουτήξω στη θάλασσα για να βρω τη γοργονοπολιτεία.

—Μα πώς θα αναπνέεις μέσα στο νερό; ρώτησε ο Τζον.

—Τα ξωτικά της παραλίας μπορούν και αναπνέουν μέσα στη θάλασσα, όπως και στην ξηρά, απάντησε ο Σάντι.

Η Μαρίνα τού έδωσε μερικά θαλασσινά μπισκότα για να έχει μαζί του αν πεινούσε.

Ο Σάντι σαλπάρισε με τη βαρκούλα του στον ύφαλο και την έδεσε εκεί όπου άρχιζαν τα βαθιά νερά. Βούτηξε μέχρι που έφτασε στο σκοτεινό βυθό. Με κάθε κύμα της θάλασσας άκουγε από μακριά κάτι σαν καμπανάκι. Μπροστά του λαμπύριζαν απαλά φώτα. Κατάλαβε πως πρέπει να ήταν η γοργονοπολιτεία κι άρχισε να κολυμπά προς τα εκεί.

Περπατούσε όλη τη νύχτα. Όταν ανέτειλε ο ήλιος, ο βυθός άρχισε να λάμπει. Είδε ναυάγια πλοίων, πέρασε μπροστά από σπασμένες κασέλες με θησαυρούς και χρυσαφικά σπαρμένα στην άμμο. Του άρεσαν τόσο πολύ!

Έμοιαζαν με πανέμορφα χρωματιστά γυαλάκια. Αλλά σκέφτηκε πως δεν έπρεπε να τα αγγίξει αν δε ρωτούσε πρώτα τους γοργονάνθρωπους.

Shirley

Στο τέλος είδε από μακριά την υποβρύχια πολιτεία. Το ταξίδι του κόντευε να τελειώσει.

Ξαφνικά ένα κοπάδι ψαριών εμφανίστηκε τρομαγμένο από πάνω του.

—Κρύψου! του φώναξαν καθώς περνούσαν. Έρχεται ένας καρχαρίας! Αν σε δει, θα σε φάει!

Ο Σάντι κρύφτηκε μέσα σε ένα άδειο όστρακο, ελπίζοντας να μην τον δει ο καρχαρίας που έκανε κύκλους από πάνω του.

Ο καρχαρίας όμως είδε το μικρό ξωτικό που κρύφτηκε μέσα στο όστρακο.

— Αργά ή γρήγορα θα αναγκαστείς να βγεις από αυτό το όστρακο κι εγώ δε βιάζομαι καθόλου, του είπε ο καρχαρίας.

Ο καημενούλης ο Σάντι τρόμαξε πολύ.

Σε λίγο πείνασε κι έφαγε τα μπισκότα της Μαρίνας. Η ώρα περνούσε κι ο καρχαρίας έκανε συνέχεια βόλτες πάνω από το όστρακο όπου κρυβόταν ο Σάντι. Ξαφνικά εμφανίστηκε το Ασημόψαρο, που παρέα με τα άλλα δελφίνια επιτέθηκαν στον καρχαρία. Ο καρχαρίας δεν μπορούσε να τα βάλει με όλα τα δελφίνια κι έφυγε.

Ο Σάντι βγήκε από το όστρακο κι ανέβηκε στην πλάτη του Ασημόψαρου. Το δελφίνι τον μετέφερε στην πολιτεία των γοργονάνθρωπων.

Οι γοργονάνθρωποι μαζεύτηκαν γύρω από το Σάντι. Αφού τους διηγήθηκε την ιστορία του, του έφεραν να φάει τα πιο ωραία θαλασσινά και κέικ από κοράλλι.

Ο Σάντι έμαθε πως η Μαρίνα ήταν μια πριγκίπισσα-γοργόνα, η μικρότερη κόρη του βασιλιά των γοργονάνθρωπων. Τα αδέλφια της ήθελαν να τρέξουν να τη σώσουν, όμως ο βασιλιάς είπε:

— Θα πάμε όλοι μαζί. Ο καρχαρίας θα φοβηθεί να τα βάλει με τόσους πολλούς.

Αμέσως όλοι οι γοργονάνθρωποι καβάλησαν τα δελφίνια τους. Το Ασημόψαρο ξεκίνησε πρώτο, μεταφέροντας το Σάντι.

Κολύμπησαν ως την άκρη του υφάλου. Ο Σάντι έφτασε ως τη βαρκούλα του και το Ασημόψαρο τον βοήθησε να σκαρφαλώσει πάνω της. Τα υπόλοιπα δελφίνια και οι γοργονάνθρωποι περίμεναν στα βαθιά, ώσπου ο Σάντι οδήγησε τη βαρκούλα του στην παραλία μέσα από τις μυτερές κορυφές.

Ύστερα πήδηξε έξω κι έτρεξε στη λιμνούλα του υφάλου. Η Μαρίνα χάρηκε που τον είδε, όταν όμως έμαθε πως οι δικοί της την περίμεναν πέρα από τον ύφαλο, φώναξε:

—Μα πώς θα φτάσω εκεί; Ο ύφαλος είναι τόσο μυτερός!

Εκείνη τη στιγμή έφτασαν ο Τζον και η Γουέντυ. Είχαν δει το Σάντι να γυρίζει με τη βαρκούλα του.

Όταν άκουσαν τα νέα, ο Τζον είπε:

—Θα μεταφέρω εγώ τη Μαρίνα μέχρι τα βαθιά, για να μπορέσει να κολυμπήσει με ασφάλεια.

Η Γουέντυ περίμενε στην ακτή με το Σάντι και παρακολουθούσαν τον Τζον που μετέφερε τη Μαρίνα, περπατώντας προσεκτικά μέσα στον κοραλλένιο ύφαλο. Όταν το νερό έφτασε ως τη μέση του, η Μαρίνα είδε τους γοργονάνθρωπους.

—Αντίο, Τζον, του είπε. Σε ευχαριστώ πολύ για τη βοήθειά σου.

Ύστερα γλίστρησε από την αγκαλιά του και βουτώντας στο νερό, η ουρά της έλαμψε στο φως του ήλιου.

Όταν έφτασε κοντά στην οικογένειά της και στους φίλους της, αγκάλιασε χαρούμενη το Ασημόψαρο, το αγαπημένο της δελφίνι.

Αυτή την εικόνα ο Τζον και η Γουέντυ δε θα την ξεχνούσαν ποτέ.

Ο Σάντι έτρεξε αμέσως να κρυφτεί. Τα παιδιά φαίνονταν τεράστια στα μάτια του και τα φοβόταν ακόμα λιγουλάκι. Την άλλη μέρα το πρωί, όταν έσπρωξε το καροτσάκι του στην άμμο, είδε το δώρο που του έστειλαν οι γοργονάνθρωποι για να τον ευχαριστήσουν.

Ήταν μια κασέλα γεμάτη πολύχρωμα κοσμήματα! Και τώρα ο πύργος του Σάντι λάμπει ολόκληρος στο φως του ήλιου, όπως ακριβώς τον είχε ονειρευτεί.

Σίρλεϋ Μπάρμπερ

Μια επίσκεψη στη Νεραϊδοχώρα

Η Λόρα είπε ότι υπήρχαν νεράιδες στο βάθος του κήπου. Είπε ότι στην παλιά ιτιά υπήρχε μια πράσινη πόρτα που, όταν την άνοιγαν οι νεράιδες, μπορούσες να δεις την ίδια τη Νεραϊδοχώρα.

— Ναι, είναι αλήθεια, είπε η μητέρα την ώρα που μαγείρευε. Γιατί δεν πας με το μικρό σου αδερφό στον κήπο; Θα του δείξεις τις νεράιδες και την πόρτα για τη Νεραϊδοχώρα.

Η Λόρα κατάλαβε ότι η μητέρα της δεν την πίστεψε. Πήρε τον Ντάνιελ από το χέρι και πήγαν μαζί στον κήπο προς την παλιά ιτιά.

— Σιωπή, Ντάνυ, ψιθύρισε. Αν κάνουμε ησυχία μπορεί οι νεράιδες να μας ανοίξουν την πράσινη πόρτα και να έρθουν να μας μιλήσουν. Λίγο αργότερα η πράσινη πόρτα άνοιξε…

…και τότε εμφανίστηκαν οι νεράιδες.

— Θέλετε να έρθετε σ' αυτή την πορτούλα για να δείτε τη Νεραϊδοχώρα; ρώτησαν οι νεράιδες.

— Ναι, φώναξε η Λόρα ενθουσιασμένη. Εκείνη και ο Ντάνιελ έσκυψαν και πέρασαν από την πορτούλα στη Νεραϊδοχώρα.

Μπροστά τους παρουσιάστηκε μια μανιταρούπολη γεμάτη ξωτικά και νεράιδες που κουβέντιαζαν και έκαναν τα ψώνια τους, όπως οι κανονικοί άνθρωποι. Ο Ντάνιελ άρχισε να περπατά ανάμεσα στα στενά δρομάκια της μανιταρούπολης.

— Μην απομακρυνθείς, μπορεί να χαθείς, τον ειδοποίησε η αδερφή του. Να είσαι κοντά μου για να σε βλέπω.

κα. Κέλλυ
ΤΟ ΝΕΡΑΪΔΟ-
ΚΑΦΕ
ΦΙΝΤΟ
ΦΡΑΟΥΛΑ
& ΚΡΕΜΑ
ΦΙΝΤΟ
ΟΔΟΣ ΡΟΔΩΝ
ΟΔΟΣ ΜΑΡΓΑΡΙΤΑΣ
ΟΔΟΣ ΦΤΕΡΗΣ
Shirley

Όμως, η μανιταρούπολη ήταν για τον Ντάνιελ ένας μεγάλος παιχνιδότοπος. Η Λόρα τον έβλεπε να τρέχει εδώ και κει. Τότε παρατήρησε πέρα μακριά έναν κήπο γεμάτο λουλούδια.

— Έλα από δω, Ντάνυ, του φώναξε, πάμε να δούμε αυτά τα όμορφα λουλούδια.

Τα λουλούδια ήταν τόσο μεγάλα που σύντομα ο Ντάνιελ είχε ξεχάσει τα μανιταρόσπιτα. Μέσα σε κάθε λουλούδι νεραϊδομωρά ήταν κουλουριασμένα σαν να ήταν μέσα στην κούνια τους.

—Εδώ μένουν τα μωρά μας μέχρι να μεγαλώσουν και να μπορούν να πετάξουν, είπε μια νεράιδα στα παιδιά.

Σε λίγο το φως του ήλιου σκέπασε τα όμορφα λουλούδια και όλα τα παιδάκια πήγαν και κάθισαν κάτω από τη σκιά των δροσερών δέντρων. Ένα μικρό μονοπάτι οδηγούσε σε μια λιμνούλα γεμάτη νούφαρα που οι νεράιδες έκαναν μπάνιο και έπαιζαν δίπλα στην πηγή. Η Λόρα και ο Ντάνιελ ήπιαν μέσα σε φύλλα νερό από την πηγή και πλατσούρισαν στα ρηχά νερά. Σε λίγο ήταν έτοιμοι να εξερευνήσουν τη Νεραϊδοχώρα.

Shirley

Ακολούθησαν το μονοπάτι μέσα στο δάσος. Σε λίγο άκουσαν μια γλυκιά μουσική από κουδουνάκια και άρπα. Σε ένα ξέφωτο γεμάτο λουλούδια συνάντησαν την ορχήστρα των μουσικών. Λαγουδάκια, ποντικάκια και βατραχάκια έπαιζαν μουσική, ενώ οι νεράιδες είχαν στήσει χορό.

— Σήμερα έχουμε χορό, τους εξήγησε μια νεράιδα, γι' αυτό κάνουμε πρόβες.

Τα παιδιά περιπλανήθηκαν και σε λίγο έφτασαν στην άκρη του δάσους. Εκεί, ανάμεσα στις ρίζες των δέντρων και τις σπηλιές, υπήρχε ένα μέρος γεμάτο άμμο. Μέσα σε κάθε σπηλιά υπήρχε μια κουζίνα όπου ξωτικά-μάγειροι ετοίμαζαν ένα υπέροχο γεύμα.

—Όλα αυτά τα πεντανόστιμα φαγητά θα τα σερβίρουμε απόψε στη γιορτή, είπαν οι νεράιδες στα παιδιά. Μαγειρεύουμε εδώ το φαγητό και μετά το μεταφέρουμε στο νεραϊδοκάστρο με τη βοήθεια των πεταλούδων.

Τα παιδιά άρχισαν να πεινούν. Τα ευγενικά ξωτικά τούς έδωσαν να φάνε ό,τι τους άρεσε.

Shirley

Ενώ δοκίμαζαν όλων των ειδών τα κέικ και τα μπισκότα, η Λόρα ρώτησε τις νεράιδες και τα ξωτικά για τη ζωή στη Νεραϊδοχώρα.

—Δουλεύετε ποτέ; ρώτησε.

—Ναι, απάντησε μια νεράιδα με ασημένια μαλλιά. Η δική μου δουλειά είναι να παγώνω τους κρυστάλλους.

—Και γιατί το κάνεις αυτό; τη ρώτησε η Λόρα μπερδεμένη.

—Όταν ο κόσμος είναι μουντός και συννεφιασμένος και μια μέρα ξυπνάς κι όλα γύρω σου λάμπουν, δεν είναι μια ευχάριστη έκπληξη;

—Ναι, είναι, είπε η Λόρα. Σε ευχαριστούμε, Ασημένια νεράιδα, για όλα τα παγωμένα και λαμπερά πρωινά του κόσμου.

—Κι εγώ έχω τη δική μου δουλειά, είπε ένα ξωτικό χαμογελώντας στη Λόρα και τον Ντάνιελ. Έχω ένα καλάθι γεμάτο μανιτάρια και ταξιδεύω παντού για να φυτεύω καινούρια εκεί που πιστεύω ότι θα ταιριάζουν καλύτερα.

—Ναι, τα έχουμε δει, έτσι δεν είναι Ντάνιελ; ρώτησε η Λόρα ενθουσιασμένη. Έχεις αφήσει μερικά στον κήπο μας, κάτω από τα πεύκα μας.

—Τώρα θα τι θα θέλατε να δείτε; ρώτησαν τα ξωτικά.

Η Λόρα κοίταξε τον Ντάνιελ.

—Ήρθε η ώρα να γυρίσουμε στο σπίτι, είπαν γεμάτα ευγνωμοσύνη. Η θεία μας θα έρθει στο σπίτι μας για φαγητό.

Όμως ο Ντάνιελ δεν ήταν έτοιμος να γυρίσει στο σπίτι και η Λόρα αποφάσισε να μείνουν για λίγο ακόμα στη Νεραϊδοχώρα.

—Μπορείτε να μας δείξετε πού φτιάχνετε αυτά τα πανέμορφα φορέματα; ρώτησε τις νεράιδες.

Έτσι οι νεράιδες έδειξαν στα παιδιά τις μικρές μεταξένιες αραχνούλες που περνούσαν την ώρα τους φτιάχνοντας πανέμορφα μαντίλια και φορέματα στολισμένα όλα με μικρά διαμάντια.

—Μπορείτε να μας δείξετε κάτι ακόμα, πριν πάμε στο σπίτι; ρώτησε η Λόρα. Θέλουμε να δούμε το νεραϊδοκάστρο που μένετε και που θα κάνετε απόψε το χορό.

Οι νεράιδες ανέβασαν τη Λόρα και τον Ντάνιελ σε μια πεταλουδάμαξα και μαζί πέταξαν πάνω από τη θάλασσα κι έφτασαν σ' έναν κόλπο γεμάτο νησάκια. Εκεί, σε ένα βράχο υψωνόταν το λαμπερό νεραϊδοκάστρο.

Καθώς πετούσαν γύρω από το κάστρο, ο Ντάνιελ αποκοιμήθηκε. Έτσι, έκαναν το ταξίδι της επιστροφής και προσγειώθηκαν δίπλα στην παλιά ιτιά.

Shirley

Η Λόρα ξύπνησε τον Ντάνιελ και, επειδή ακόμα δεν μπορούσε να περπατήσει, τον βοήθησε να περάσουν από την πράσινη πορτούλα.

—Γεια σας, Λόρα και Ντάνιελ, είπαν οι νεράιδες. Αν είστε καλά παιδιά, θα μας ξαναδείτε σύντομα.

Τότε η πράσινη πορτούλα έκλεισε κι εξαφανίστηκε.
—Πάμε, Ντάνυ, είπε η Λόρα. Πάμε να φάμε και να διηγηθούμε στη μαμά τι είδαμε στη Νεραϊδοχώρα.

Εκείνη την ώρα η μητέρα τους έστρωνε το τραπέζι. Η θεία τους μόλις είχε φτάσει. Πήρε αγκαλιά τα παιδιά και τους χάρισε βιβλία και χρωματιστά μολύβια για να ζωγραφίσουν.

— Ο Ντάνυ ζωγραφίζει πολύ ωραία, της είπε η Λόρα. Μπορεί να φτιάξει ένα κουτί, μια μπάλα αλλά και χαρούμενες φατσούλες. Ντάνυ, ζωγράφισε κάτι για τη θεία.

Έτσι, ο Ντάνιελ ζωγράφισε μια εικόνα. Όλοι έμειναν έκπληκτοι μόλις είδαν ότι αυτό που είχε ζωγραφίσει ήταν μια νεράιδα!